Klaus-Dieter Metz

Robert Fuchs-Liska: „Der Zoppekratz“

FSC
www.fsc.org
MIX
Papier aus ver-
antwortungsvollen
Quellen
Paper from
responsible sources
FSC® C105338

Klaus-Dieter Metz

Robert Fuchs-Liska: „Der Zoppekratz“
Ein Roman rund um die Engel-Apotheke
und das alte Homburg im Jahr 1880
Handlung – Interpretation – Autor

Herzlichen Dank

meiner Ehefrau Waltraud Metz
für die Anfertigung des Typoskriptes

Herrn Werner Marischen
für die Druckvorlagenerstellung und die Buchgestaltung

dem Stadtarchiv Bad Homburg v. d. Höhe
für die Bereitstellung von Quellen und Abbildungen

Titelbild: Gotthold Frommbier, der Zoppekratz, Titel- und Hauptfigur.
Zeichnung nach Textvorlage von Klaus Rödler, Frankfurt a. Main

© 2024 Klaus-Dieter Metz
Herstellung und Verlag:
BoD - Books on Demand, Norderstedt

ISBN 9783759758309

Ein heißer Augustmittag 1880 in Homburg: In der Schulgasse geht soeben eine große Scheibe der Apotheke zu Bruch; denn Georg Scheibenschmitt, „der schlimmste Bengel von ganz Homburg"[1], hat nicht richtig gezielt und statt eines Spatzen das Schaufenster getroffen. – Empört richten sich die Schritte des Apothekers Gotthold Frommbier in Richtung gegenüberliegendes Haus, aus dem der Fehlschuss mittels einer Steinschleuder gekommen ist; denn er vermutet dort den Übeltäter.

Ein tiefverschneiter Weihnachtsmorgen 1880 am Sandplacken: Der Wirt des Gasthauses öffnet die Tür nach draußen. Auf der Treppe sitzt ein Schneemann. Unter dem Weiß verbirgt sich der tote Apotheker Gotthold Frommbier aus Homburg, „ein unbeschreiblich gutes Lächeln um den Mund"[2].

Wie ist es dazu gekommen, was ist zwischenzeitlich geschehen? – Man muss also den längst vergessenen, 1915 erschienenen, etwa dreihundertsiebzigseitigen Roman, in zwölf Kapitel und einen Epilog gegliedert, des gebürtigen Homburger Schriftstellers Robert Fuchs-Liska von vorn bis hinten lesen!

Vom Bruch einer Schaufensterscheibe...
...zum Kältetod im Schnee

Gotthold Frommbier, Eigentümer und Inhaber der Apotheke in der Schulgasse[3] unterhalb des Schlosses, gilt als ein verschrobener, aber liebenswürdiger Junggeselle, beträchtlich über fünfzig Jahre alt. Sein Spitzname ist Zoppekratz, weil er in aufregenden Momenten „am Hosenbund erst zoppte, dann mit den Sohlen kratzte"[4]. Er hat ein Auge auf das gegenüber wohnende hübsche zweiundzwanzigjährige Paulinchen Ströhlein geworfen und träumt von einer Heirat mit ihr. Das früh verwaiste Mädchen aus Oberursel hat bei Onkel und Tante Scheibenschmitt ein neues Zuhause gefunden, sich deren Sohn, des Lausbuben Georg, angenommen und steht dessen pflegebedürftigen Eltern bei, zumal Georgs Vater, den ehemaligen Stadtdiener, ein Schlaganfall völlig hilflos gemacht hat.

Als nun der junge, gut aussehende, jedoch in Sachen Liebesangelegenheiten leichtfertige, ja haltlose Turnlehrer Wunibald Barnabas aus Frankfurt in unmittelbarer Nachbarschaft, nämlich im Eckhaus Schulgasse/Judengasse[5], eine Wohnung mit seiner Mutter bezieht, da er an Homburgs Mittelschule[6] eine Anstellung gefunden hat, erwacht in Paulinchen erstmals die Liebe zu einem Mann. Sofort nach seinem Zuzug ist es Wunibald sogar gelungen, gleich in drei jungen Homburgerinnen Begehrlichkeiten zu wecken. Neben Paulinchen geraten Janchen, die Tochter des Bäckenwirts[7] Adam Balzer in der Thomasgasse[8], und Esaja, ein fünfzehnjähriges frühreifes Judenmädchen, Tochter des Metzgers Samuelsohn in der Judengasse, in den Bann des Schürzenjägers. Mit ihr wird der Turnlehrer draußen am Gotischen Haus nach einem Schulfest anlässlich der zehnjährigen Wiederkehr des Sedantages[9], also am zweiten September 1880, so intim, dass diese nun ein Kind erwartet.

An seinem Arbeitsplatz ist der Turnlehrer Wunibald Barnabas umstritten. Einerseits gilt er als Ideengeber und Organisator; denn er bereitet für seine neue Schule in gekonnter Weise die Feierlichkeiten zum Sedantag auf der Festwiese gegenüber dem Gotischen Haus[10] vor, sorgt für einen seinerzeit modernen Turnunterricht an frischer Luft mit paramilitärischen Übungen. Andererseits finden seine Lehrmethoden in einem verknöcherten Kollegium wenig Verständnis, wenn er vom Mief der Schulzimmer die Schüler befreien will, sodass man ihn bald als einen „Umstürzler!"[11] bezeichnet. Die Schüler allerdings lieben ihren neuen Sportlehrer.

Sedanfeier!

Die Allgemeine Bürgerschule (Mittel= und Elementarschule) wird am nächsten Donnerstag den 2. September d. J. mit sämmtlichen Classen ihre Sedanfeier im hiesigen Wildgarten abhalten. Die Angehörigen der Kinder und die Freunde der Schule, welche an den Gesängen und Spielen der Jugend Freude finden, sind zur Teilnahme an dieser Feier freundlichst eingeladen.

Homburg, den 27. August 1880.

(1928)   H. F. Tiemann, Rector.

Einladung zur Sedanfeier am 2. Sept. 1880 in den Wildgarten (jetzt Hirschgarten) im Taunusboten am 26. Aug. 1880 (1)

Die beiden jungen Frauen, Paulinchen und Janchen, haben trotz Esajas Verführungskünsten ihre Hoffnung nicht aufgegeben, Wunibald für sich zu gewinnen. Besonders die Tochter des Bäckenwirts versucht die Liebe zu erzwingen, indem sie das Schlapperkäthchen[12] in der Siebenhäusergasse[13], eine Kupplerin und Betrügerin, aufsucht. Sie soll den Turnlehrer gegen Bezahlung mit geheimnisvollen Kräften von Esaja abziehen. Diese wiederum kontaktiert das Schlapperkäthchen, um ihre Schwangerschaft abzubrechen.

Paulinchen indessen drücken schwere Sorgen, denn ihre Tante ist in der Nacht nach dem Sedanfest verstorben, sodass sie jetzt mit Georgs hilflosem Vater allein zurechtkommen muss. Nun zieht aber die gehässige Hortensia aus Oberursel, die Schwester der Verstorbenen, ins Haus ein, um sich hier als Erbin mit ihrem schwerbehinderten Sohn einzunisten und Paulinchen schikanös aus dem Haus zu drängen. Also will sie das Mädchen an den Zoppekratz verkuppeln, da sie dessen Heiratssehnsüchte schlauerweise bemerkt. In dieser Bedrängnis wendet sich Paulinchen in einem Brief an den geliebten Lehrer, dessen Begehrlichkeiten nach wie vor allen drei Mädchen gelten, und bittet ihn um Erlösung von häuslicher Schikane und stillem Liebesleid. Überraschend geht er auf den Hilferuf ein; denn er erhofft sich seinerseits von dem unschuldigen Mädchen die Erlösung von seinem Frauenverlangen, sodass sich noch am selben Abend beide in der Abgeschiedenheit einer Hardtwaldhütte verloben.

Bereits am nächsten Tag verabredet sich Wunibald mit Esaja beim Pferdegrab am Gotischen Haus. Er trennt sich von ihr, zumal das inzwischen zur Frau gereifte Judenmädchen ihm erklärt, eine Schwangerschaft bestehe nicht mehr, was nicht zutrifft, aber Esaja hat Wunibalds Verantwortungslosigkeit ihr gegenüber erkannt. Bei klarem Kopf wird auch Paulinchen bewusst, dass für den wehrlos seiner Schwägerin ausgelieferten Onkel ihre Bleibe und ihr Beistand unentbehrlich sind, sodass sie sich entschließt, eine Verbindung mit Wunibald in weite Ferne rücken zu lassen.

Den Lehrer Wunibald Barnabas wiederum belastet bald darauf ein Unglück schwer: Von ihm unbeaufsichtigt, bricht sein Schüler Georg Scheibenschmitt ins Eis des Schlossteiches ein und wäre hilflos ertrunken, hätte nicht die schwangere Esaja, die immer noch im Verborgenen Wunibalds Nähe sucht, den Jungen gerettet. Sie jedoch ertrinkt dabei, denn der herbeigeeilte Wunibald kommt zu spät. Dass die Retterin Georgs heimliche Liebe gewesen ist, macht das Geschehen doppelt bedeutungsschwer.

Als einzige der drei jungen Frauen kommt Janchen, die Tochter des Bäckenwirts, zu ihrem Liebesglück; denn in dem Augenblick, da sie sich dem Schlapperkäthchen ausliefert und dieses sie mit einem fremden Mann verkuppeln will, findet sie in ihrem Freier, einem Mann von Adel, eine ehrliche Liebe, während die Kupplerin im Gefängnis landet.

Nachdem inzwischen Georg Scheibenschmitt seinem Vater gestanden hat, Paulinchen verzichte auf ihr Liebesglück, um ihn zu pflegen und damit vor Hortensia zu schützen, beschließt der gelähmte Mann für sich den Hungertod, um Paulinchens Zukunft nicht länger im Weg zu stehen. Als er nach hartnäckiger Nahrungsverweigerung endlich entschlafen ist, findet Paulinchen dank ihrer Kunstfertigkeit in der Perlenflechterei[14] Arbeit und Unterkunft in Reifenberg. Dort soll sie als Lehrerin den Aufbau einer Hausindustrie im Hintertaunus während der Wintermonate begleiten.

Plötzlich sind auch Wunibalds Tage an der Mittelschule und in Homburg gezählt. Am Heiligen Abend entlässt ihn der Schulrat wegen der Beziehung zu Esaja sowie wegen einer Gewalttätigkeit gegen den Glaser Kittel, einem Stammtischmitglied beim Bäckenwirt, aus dem Schuldienst. Zugleich schreibt er an Paulinchen einen Brief, in dem er ihr seine Liebe versichert und sie auffordert, ihm im Frühjahr nach der Erfüllung ihres Auftrags in Reifenberg nachzureisen. Diese Briefbotschaft soll der zuverlässige Apotheker Frommbier der jungen Frau überbringen.

Unterdessen muss sich aber dieser der Zudringlichkeit seiner mit überreicher Körperfülle ausgestatteten Haushälterin Karoline Schickeler erwehren; denn sie ist verrückt nach ihm und versucht ihn mit ihren üppigen Reizen zu verführen, was gründlich misslingt. Als sie daraufhin mit Albanus Trümmel, dem Gesellen des Metzgers Schick, im Haus des Apothekers ein wildes sexuelles Spiel treibt, um den Apotheker eifersüchtig zu machen, wirft dieser sie aus dem Haus, was tragisch ausgeht; denn der brutale Fleischerbursche, bei dem sie

Unterschlupf findet, tötet die korpulente Frau wie ein Schlachttier. Dieses schlimme Ende ruft im Apotheker schwere Gewissensbisse hervor, da er glaubt, seine Haushälterin heimatlos gemacht und so dem gewalttätigen Menschen ausgeliefert zu haben.

Diese Gewissensqualen und das Alleinsein treiben ihn am Heiligen Abend aus dem Haus, sodass er beschließt, Wunibalds Brief Paulinchen in Reifenberg zu überbringen. Dabei handelt er nicht ganz selbstlos; denn er sehnt sich nach einem Wiedersehen. Im Tiefschnee, bei Wind und Kälte, gelangt er mit letzter Kraft zum Sandplacken, lässt sich völlig erschöpft vor der Tür des Gasthofs nieder und schläft für immer in der eisigen Schneenacht ein. – Ob Wunibalds Brief jemals den Weg nach Reifenberg gefunden hat und beide doch noch zusammenfinden, verschweigt der Erzähler.

Erster Gasthof am Sandplacken im Eröffnungsjahr 1905 (2)

Reichhaltig und vielseitig – das Figurenaufgebot

Ein Roman lebt von seinen Figuren: Sie garantieren eine Vielfalt von Gesichtern und Charakteren, sind Träger des Geschehens, so auch im „Zoppekratz". In ihm ist alles in allem von dreiundsiebzig Personen die Rede, davon einundsechzig mit und zwölf ohne Namensnennung. Zweiundfünfzig Figuren beteiligen sich an der Handlung, wenn auch mehrere nur für Augenblicke. Die übrigen einundzwanzig, darunter drei bereits vor Romanbeginn Verstorbene, erwähnt der Erzähler oder eine seiner Figuren nur beiläufig. Sie alle gemeinsam repräsentieren und illustrieren ein realitätsnahes Alltagsdasein in Homburgs altem Stadtteil im Jahr 1880.

„Ein kleines, schmutziges Mädchen"[15] namens Brammer, ein „kleiner Schmierfink"[16] und ein „Bub mit verwildertem Strubbelkopf"[17], jeweils nur für Momente in das Geschehen eingeblendet, stehen als jüngste Figuren am Anfang einer Altersskala, während das Ende die Eheleute Scheibenschmitt bilden: er, der vom Schlaganfall sprachlose, gelähmte Stadtdiener, sie, von einem schweren Beinleiden geplagt. Beide haben ihr Zuhause in der Schulgasse, erreichen jedoch nicht lebend das Romanende. Bis zu ihrem Tod aber ziehen der gegenüber wohnende Apotheker Frommbier und der benachbarte Lehrer Barnabas die zwei Alten immer wieder in die Handlung hinein.

Den größten Figurenanteil stellen von ihrem Berufsleben her geprägte Männer, von denen die meisten sich in zwei Gruppen vereinen, zum einen in der abendlichen Stammtischrunde beim Bäckenwirt, der sieben Einheimische angehören, zum anderen im Lehrerkollegium der Mittelschule während der alltäglichen Berufsausübung. Beiden Gruppen gemeinsam fällt insbesondere die Aufgabe zu, das Tun des neuen Lehrers aus Frankfurt zu kommentieren und

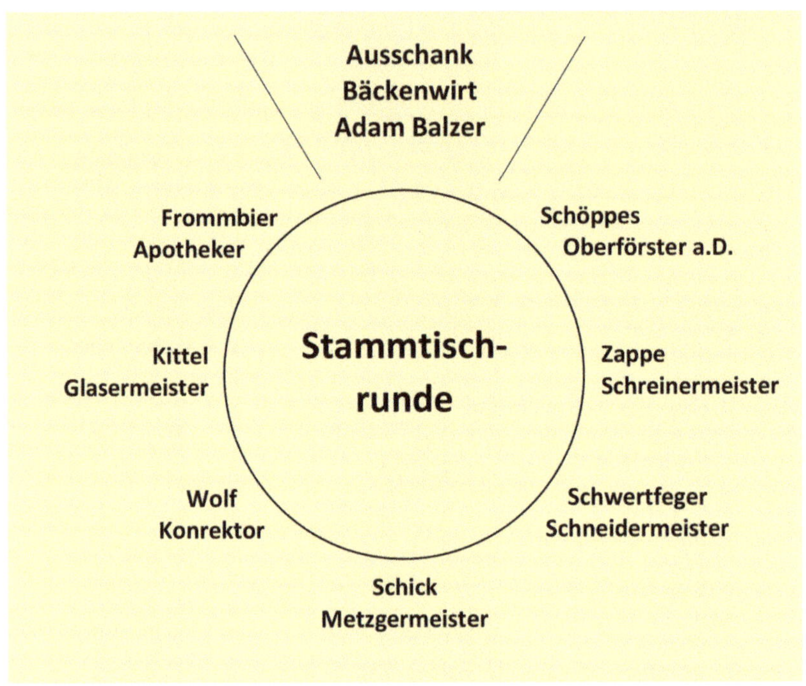

Namen und Berufe der allabendlichen Stammtischrunde beim Bäckenwirt (3)

zu kritisieren, zumal dieser Neuling nicht nur Mitglied des Lehrerkollegiums, sondern auch immer wieder abendlicher Gast beim Bäckenwirt ist. Bevorzugte Gesprächsthemen sind Wunibalds Beziehungen zu jungen Frauen sowie seine Lehrmethoden und sein Verhältnis zu den Schülern: „,Ich stehe sozusagen mit meinen Jungens auf Du und Du'".[18]

Um die beiden Hauptakteure, also den Apotheker und den Turnlehrer, versammeln sich vier weibliche Figuren: Den attraktiven Wunibald Barnabas um- und bedrängen drei kaum erwachsene hübsche Frauen, den verschrobenen Gotthold Frommbier bedrängt die eigene Haushälterin, eine unansehnliche Mittdreißigerin. Hinzu kommt, dass

12

er seinerseits eine der drei Wunibald-Verehrerinnen ohne Wissen der Betroffenen als seine Verlobte für sich beansprucht.

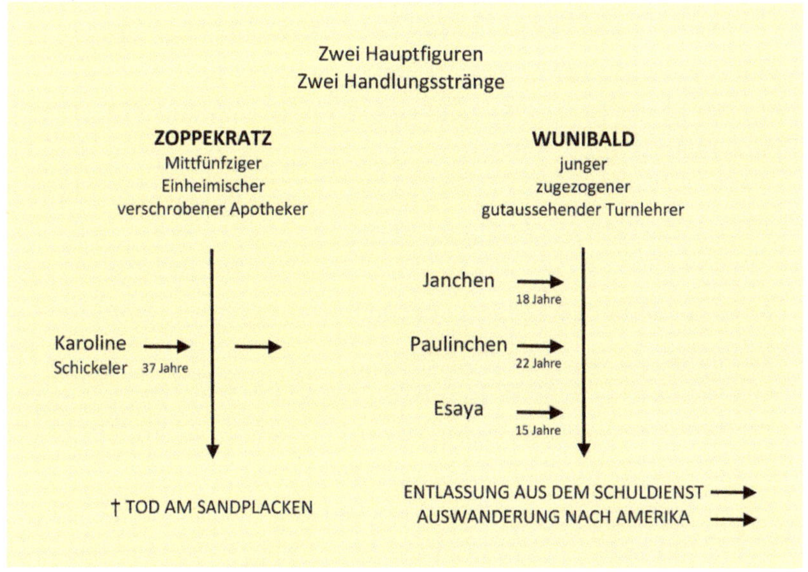

Zwei Figurengruppen, das Erzählgerüst zu den beiden Hauptfiguren (4)

Insgesamt hat diese zweistämmige Figurenstruktur nicht nur das Hin und Her des Erzählens von einem zum anderen Hauptakteur zur Folge, sondern sie schafft auch vermehrt Gegensätze und Rivalitäten, was letztlich zum Romanschluss hin Mehrfachlösungen verstärkt herausfordert.

Die Familienverhältnisse aller diese Figuren belasten das Geschehen zusätzlich: Der Apotheker und der Turnlehrer sind beide Junggesellen, der eine von seiner Haushälterin, der andere von seiner Mutter um- und versorgt, beide allerdings sehnen sich nach einer Partnerin. Zwei der drei jungen Frauen, die sich vom Turnlehrer ihr

Liebesglück erhoffen, sind Einzelkinder und Halbwaise, ohne die früh verstorbene Mutter aufgewachsen, die dritte, Paulinchen, darüber hinaus Vollwaise. Die Haushälterin des Apothekers, Karoline Schicke-ler, obwohl Mutter einer bereits erwachsenen Tochter, ist noch auf Männersuche, zumal sie kein eigenes Zuhause außer einem Zimmer bei ihrem Arbeitgeber hat, sodass ihr Ziel ist, in naher Zukunft sich Frau Apothekerin zu nennen.

Damit aber, was Figurengruppierungen im „Zoppekratz" betrifft, ist es nicht genug; denn um den Lehrer Barnabas versammeln sich Schüler der Mittelschule gern. Insbesondere sind sie Gradmesser für die Beliebtheit ihres neuen Turnlehrers aus Frankfurt, der seinerseits mit ihnen gern gemeinsame Sache macht. So steht er ihnen beim Ausheben eines Wespennestes bei, unternimmt mit ihnen Wanderungen quer durch den Taunus, stimmt mit ihnen gemeinsam Lieder gegen das Philistertum an, begeistert die gesamte Schülerschaft mit Marschieren, Pfeifen- und Trommelspiel für die Sedan-Feier am Gotischen Haus, bringt aber auch Kollegen und Eltern wegen seiner Lehrmethoden gegen sich auf, so dass Beschwerden bis hin zur oberen Schulbehörde in Wiesbaden gelangen.

Aus der Gruppe der Schüler drängt sich ein Achtklässler in den Vordergrund: Georg, einziger Sohn der beiden Scheibenschmitts in der Schulgasse, zertrümmert anfangs gleich mit einem Fehlschuss die Schaufensterscheibe der Apotheke gegenüber, was unmittelbar danach den Erstauftritt des Zoppekratz, der Titelfigur, zur Folge hat. Der dreizehnjährige Junge ist auch der erste, der das Wiedererscheinen des Schlossgeistes aus der Landgrafenzeit wahrgenommen haben will, und er ist es, dem die junge schwangere Jüdin Esaja ihr Leben opfert, um den Jungen, der in sie verliebt ist, aus dem Eiswasser des Schlossweihers zu retten. Schließlich ist Georg derjenige, der seinem gelähmten Vater zu verstehen gibt, Paulinchen verzichte auf eine Verbindung mit dem Lehrer Barnabas nur, um ihn pflegen zu können, worauf der hilflose Mann mit einem Hungertod sein Leben beendet. Als alles das geschehen ist, verliert der Erzähler jedoch den Jungen aus den Augen, obwohl er zuvor immer wieder für das Vorwärtsdrängen der Handlung gesorgt hat, sodass sein Weiterleben als Vollwaise außen vor bleibt.

Die beeindruckendste Figur unter allen jungen Menschen im „Zoppekratz" ist aber das fünfzehnjährige Judenmädchen Esaja, es wandelt sich innerhalb weniger Monate von einem frühreifen, verführerischen Mädchen in der Sommerhitze zu einer durch das Leid gereiften jungen Frau in der Winterkälte. Schließlich setzt sie ihrem Leben und dem ihres werdenden Kindes um einer Rettungstat willen ein Ende.

Die anfangs liebeshungrige Esaja nimmt hier plötzlich tragische Züge an. Ein überforderter Vater, ein verantwortungsloser Liebhaber und eine betrügerische Kupplerin stehen für das Verlassensein in schwerer Not. Esajas Opfertod macht sie in jungen Jahren zu einer selbstlosen Retterin, verwehrt damit aber ihrem und Wunibalds Kind das Leben, insbesondere befreit sie den Lehrer davon, sich zu seiner Vaterschaft zu bekennen und für sie und das gemeinsame Kind Verantwortung übernehmen zu müssen. Die vorwärts drängende Romanhandlung hält sich jedoch nicht mit Esajas Schicksal weiter auf, sondern kehrt bald zum Apotheker und Lehrer als Hauptfiguren und Handlungsträgern zurück.

Um aber einen Romanschluss angesichts der Interessenvielfalt aller in den Blickpunkt gerückten Figuren zügig anzugehen, greift der Erzähler auf weiteres Personal zurück, das in der Lage ist, das Geschehen zu beschleunigen und schließlich abzuschließen.

Da ist zuerst einmal das Schlapperkäthchen aus der Siebenhäusergasse, eine raffinierte Betrügerin und Kupplerin, die noch unter zwei weiteren Namen, Madame Pimpernell und dem wohl tatsächlichen Namen Katharina Erpel, im alten Homburg ihr Unwesen treibt. Sie verhilft einerseits ungewollt der Bäckenwirttochter Janchen zu einem zukünftigen Eheglück, obwohl sie einzig und allein das unerfahrene, verträumte Mädchen für Freier empfänglich machen will, andererseits trägt das Schlapperkäthchen Mitverantwortung für Esajas Schicksal, da sie deren Frühreife und Begehrlichkeiten gewissenlos ausnutzt, aber dem Mädchen in dessen Not jeden Beistand versagt. Als Esajas Vater nach dem Tod seiner Tochter der bösen Alten nach dem Leben trachtet, rettet sie die Polizei, wobei aber jetzt die Untaten zum Vorschein kommen, sodass schließlich die Leser ihr hinter den Gittern des Schlossgefängnisses ein letztes Mal begegnen, was zugleich das vorzeitige Ausscheiden dieser Figur aus dem Romangeschehen bedeutet.

Hortensia Wenzel aus Oberursel tritt erst spät in die Romanhandlung ein, ihr kommt aber nun die Aufgabe zu, ihre Nichte, das Paulinchen, die dritte der jungen Frauen, die sich um den jungen Turnlehrer bemühen, aus dem Haus der verstorbenen Scheibenschmitts in der Schulgasse zu vertreiben, nicht nur um der eigenen Raffgier freien Lauf zu lassen, sondern um vor allem ihrem schwerbehinderten Sohn im Haus Scheibenschmitt ein sicheres Zuhause zu verschaffen. Nachdem Hortensia beides geglückt ist, verliert der Erzähler auch sie, vor allem aber Paulinchen aus den Augen; denn dieses verschlägt es nun ins Taunusdörfchen Reifenberg, ohne dass man noch etwas von der jungen Frau erfährt.

Die dritte dieser Frauenfiguren, deren Absichten und Tun auf ein Romanende hin abzielen, ist Karoline Schickeler, die Haushälterin des Apothekers Frommbier. Sie ist wie das Schlapperkäthchen von Anfang an in das Romangeschehen eingebunden und auch nicht vom Hausherrn als dessen Haushälterin zu trennen. Jedoch bedrängt sie den alten Junggesellen so schamlos, dass er sie schließlich aus dem Haus wirft, damit jedoch ihrem Mörder, dem Metzgergesellen Albanus Trümmel ausliefert, was wiederum den Apotheker in Gewissensnot stürzt, sodass es ihn selbst aus dem Haus in die Winterkälte hin zum Sandplacken treibt.

„Drei böse Weiber", drei Brandbeschleunigerinnen (5)

Man kann diese drei Figuren nicht als Nebenfiguren unter die vielen anderen einreihen; denn ohne ihr Mittun, wenn auch bösartig und zerstörerisch, manchesmal auch nur töricht, würde sich das Romangeschehen weiter in die Länge ziehen. – In ein Bild gesetzt, sind alle drei Figuren „Brandbeschleuniger", da sie die laufenden Geschehnisse bzw. bestehenden Konflikte bis zu einem zerstörerischen Ende anfeuern. Letztlich kommt also mit ihrem Eingreifen die Handlung zu einem absehbaren Stillstand. Als das Feuer gelöscht ist, werden die Zerstörungen sichtbar:

Drei Menschen müssen ihr Leben lassen, das Judenmädchen, der Apotheker und seine Haushälterin, zwei kommen hinter Gitter, das Schlapperkäthchen und Albanus Trümmel, und zwei verlassen die Stadt, Wunibald und Paulinchen, sodass der Erzähler sie aus den Augen verliert. Aber er fasst alle diese Geschehnisse in das Bild eines göttlichen Strafgerichts:

„Zürnend harscht der Besen der himmlischen Macht alles zusammen, das auf dem Kehrrichthaufen menschlicher Laster, Schwächen, Lügen und Charakterlosigkeiten gehört."[19]

Was aber das reichhaltige und vielfältige Figurenaufgebot betrifft, zeichnet sich gegen Romanende ab, dass es dem Erzähler des „Zoppekratz" letztlich doch einzig und allein darum geht, das Leben dieses seltsamen Menschen Gotthold Frommbier bis zu dessen Ende zu erzählen. Er allein begleitet ihn in der Heiligen Nacht bergauf durch den menschenleeren Taunuswald bis hinauf zum Sandplacken. Doch in des Apothekers letzten Stunden bleibt nicht einmal der Erzähler an seiner Seite. Auf den Stufen vor der Tür des Gasthauses am Sandplacken schläft er ganz allein über Nacht für immer friedlich ein. – Erst am Weihnachtsmorgen kehrt der Erzähler ein letztes Mal zu dem Erfrorenen zurück.

Die Lebenswege der anderen Figuren aber, insbesondere der des Lehrers Wunibald Barnabas und der von Paulinchen Ströhlein, geraten dem Erzähler aus dem Blick. Auch das weitere Zusammensein des Schülers Georg Scheibenschmitt mit seiner raffsüchtigen Tante aus Oberursel und mit deren schwerbehindertem Sohn bleibt im Ungewissen.

Zwar gleichfalls ohne weiteren Erzählerhinweis darf man aber davon ausgehen, dass der abendliche Stammtisch beim Bäckenwirt, ebenso der Unterrichtsalltag an der Mittelschule mit all den Sonderheiten über den Romanschluss hinaus in ihrem Fortbestand als gesichert gelten dürfen, auch wenn der eine den Apotheker als Stammtischbruder, der andere den Turnlehrer verloren hat. – Das Schicksal der Apotheke in der Schulgasse bleibt ungewiss, außerhalb des Romangeschehens lebte sie unter dem Namen Engel-Apotheke in Bad Homburgs Geschäftswelt unter der Straßenbezeichnung Schulberg Nr. 7/9 bis 2018 weiter, ohne dass sich unter allen ihren Eigentümern und Inhabern jemals ein Zoppekratz hat finden lassen.

Engel-Apotheke am Schulberg 1901/1902 (6)

Auf der Suche nach dem Romanthema

Der namenlose, außerhalb des Geschehens stehende Er-Erzähler hat im Laufe der Handlung viel zu tun, um die Liebesschicksale, mit denen er seinen Roman vollpackt, bis zum Ende zu verfolgen. Da sind die Sehnsüchte und Begehrlichkeiten dreier junger, in Sachen Liebe unerfahrener Frauen, die Triebhaftigkeit und Abenteuerlust eines attraktiven Sportlehrers, das aussichtslose Werben eines ältlichen, verschrobenen Apothekers, die sexuelle Aufdringlichkeit einer fülligen Haushälterin und das schmutzige Treiben einer raffinierten Kupplerin. – Also ein **Liebesroman**, in dem es um Verlangen, Eifersucht, aber auch Leid geht und in dem Menschenleben zu beklagen sind, darunter nicht nur das zweier Frauen, sondern auch das der Titelfigur. Lediglich die Tochter des Bäckenwirts findet ihre Liebeserfüllung, allerdings in einer Nebenfigur, die der Erzähler erst gegen Ende des Romans in die Handlung einschleust. – Vorrangig erzählt „Der Zoppekratz" also von menschlichen Schwächen, Unzulänglichkeiten und Irrtümern, mit denen Liebende zu kämpfen haben oder an denen sie sogar scheitern. Das Treiben vom Schlapperkäthchen reicht jedoch darüber hinaus, lässt Liebesbegehren in Geschäft, Betrug, ins Kriminelle abrutschen, das sich im Mörder der liebeshungrigen Haushälterin des Apothekers erschreckend personifiziert und Liebeslust in einen Lustmord umschlagen lässt.

Stellt man die Titelfigur in den Romanmittelpunkt, so könnte man von einem **Apothekerroman**[20] sprechen. Der Apotheker mit seiner Angewohnheit des Zoppelns und Kratzens trägt zweifellos Züge eines Originals, eines kauzigen Junggesellen, der sich einerseits aussichtslos in ein „junges Ding" verliebt, andererseits sich einer zudringlichen Haushälterin zu erwehren hat. Schließlich wandelt er sich von einer schrullig-komischen zu einer bemitleidenswert traurigen Figur in der

Heiligen Nacht. Dementsprechend erzählt der Roman den Weg eines Apothekers, der trotz sicherer Existenzgrundlage, eines angesehenen Berufs und einer allabendlichen Stammtischrunde im Kreis gestandener Männer zum Schluss am Leben scheitert. Das tägliche Apothekerdasein kann daran nichts ändern, kommt als Berufstätigkeit nur episodenhaft zur Geltung, ist erzählerisch also nicht handlungsbestimmend und damit kein zentrales Thema, was einen Apothekerroman aber auszeichnen sollte.

Aber trägt der „Zoppekratz" nicht Züge eines **Lehrerromans**? Schließlich bestimmt ein junger, drahtiger Turnlehrer weitgehend Teile des Romangeschehens und sorgt immer wieder für das Vorwärtsdrängen der Handlung. Übermütig, ja überheblich verstrickt er sich in einem Kleinstadtmilieu nicht nur in Liebesangelegenheiten, sondern zeigt sich auch in Kreisen der Lehrer- wie der Bürgerschaft äußerst konfliktbereit und streitbar. Allerdings scheint er im Gegensatz zum Apotheker Frommbier imstande zu sein, ein anderer werden zu wollen, ohne dass aber der Leser von Wunibalds Umkehr und Läuterung etwas erfährt, sodass die Lehrerfigur schließlich nicht die Chance hat, den Leser von ihrem Wandel zu überzeugen.

Landgraf-Ludwig-Schule in der Rathausstraße. Arbeitsplatz des Lehrers Wunibald Barnabas (7)

Verstecken sich hinter den Romanfiguren Homburger Einwohner? Diese Frage und deren Beantwortung müssen hier wegen fehlender Anhaltspunkte offen bleiben. Der Fall des Lehrers Pfeiffer aber ist erwähnenswert: Gleich zweimal behauptet Barnabas: „[...] Ich bin der Turnlehrer, der in der Mittelschule den verstorbenen Pfeiffer ersetzen soll"[21] und „An Fastnacht ist's ein Jahr, daß der Turnlehrer Pfeiffer starb."[22] – Doch in der Realität des Jahres 1880 lebte der Turnlehrer Pfeiffer, zumal der Taunusbote in seinem Bericht vom Sedanfest der Bürger- und Mittelschule äußerte: Daher „müssen wir dem Arrangeur, Hrn. Lehrer Pfeiffer, unumwunden hier unser Lob zollen, das sich auch in allen Kreisen kundgab."[23] Der Verdacht liegt nahe: Machte der Autor Fuchs-Liska den Turnlehrer Pfeiffer zu einem Verstorbenen, um seine Romanfigur Wunibald Barnabas an dessen Stelle zu setzen, so dass dieser der erfolgreiche Organisator des Schulfestes wurde? Verbergen sich hinter anderen Romangestalten weitere Homburger, dann ist der „Zoppekratz" ein **Schlüsselroman**, dessen Personal jedoch einzig und allein ein Kenner örtlicher Verhältnisse entschlüsseln bzw. die dahinter steckenden Homburger benennen kann. – Nebenbei: Homburgs altehrwürdiges Schlossgespenst aus der Landgrafenzeit, die Weiße Frau, spukt noch einmal in der Schlosskirche zum Schrecken der Bewohner; denn es verkündet nahendes Unheil. Hier allerdings entschlüsselt der Erzähler selbst den Geist: Hinter dem Gespenst steckt die Frau des Singlehrers Wachs. Schülerphantasie hat sie im Dämmerlicht der Schlosskirche zum Spuk gemacht.

Nur allzu gern lässt der Erzähler seine einheimischen Figuren in Mundart sprechen, so die Haushälterin des Apothekers: „Da rennt also so e verninftiger Mann hinner eme junge Mädche her, das gar nix von em wisse will."[24] Selbst der Romantitel zeigt diese Tendenz an; denn der Name Zoppekratz signalisiert Heimatverbundenheit, Bodenständigkeit und ist nebenbei sogar ein Kaufanreiz für eine Leserschaft aus dem Taunus. Aber auch der Apotheker verfällt ins Homburgerische, wenn er gegenüber seiner Haushälterin Besonnenheit und Beherrschung verliert: „Babbele Se net so viel, Schickelern!"[25] Zweifellos ist also „Der Zoppekratz" ein **Heimatroman**, präziser gefasst ein **Homburgroman**, was insbesondere die Örtlichkeiten betrifft. Der Erzähler kennt sich in Homburg gut aus; denn die Stadttopografie um 1880 ist wirklichkeitsgetreu in den Roman übertragen. Das Straßennetz spannt sich von der Thomasstraße über den Mühlberg in Richtung Schulberg und Wallstraße, schließt Schlosskirche und Schlossgarten ein, weitet sich hin zur Tannenwaldallee, führt zum Gotischen Haus und Pferdegrab. Kurhaus und Kurpark werden zwar genannt, aber von den Figuren nie betreten. Das 1880 in Blüte stehende Mode- und Fürstenbad bleibt also ausgeschlossen.

Stattdessen beschränkt sich „Der Zoppekratz" auf das alte Homburg, hat die Landgrafenzeit noch im Blick, obwohl sie bereits vor 14 Jahren ihr Ende gefunden hat. – Ins Zentrum rücken immer wieder zwei Schauplätze: Zum einen die Bäckenweinstube von Janchens Vater Adam Balzer in der Thomasstraße, sie besteht aus einer Bäckerei und einer Gaststube mit allabendlichem Weinausschank und ist Stammtisch-Treffpunkt alteingesessener Homburger, zu denen auch der Apotheker Frommbier zählt, – zum anderen dessen Apotheke in der Schulstraße einschließlich der umliegenden Nachbarhäuser mit Paulinchen Ströhlein und Wunibald Barnabas als deren Bewohner. Die Apotheke bleibt zwar namenlos, ist aber zweifellos die Engel-Apotheke, Homburgs älteste Apotheke am Schulberg. Allerdings nennt der Erzähler eine andere Apotheke „Engelapotheke", und zwar „die Luisenstraße hinab"[26], obwohl sie Hofapotheke heißt.

Die Vordertaunuslandschaft liefert den räumlichen Romanhintergrund und bildet die Kulisse zum Geschehen in Homburg. Wie die

Perlen einer Kette reihen sich im Laufe der Handlung Ortsnamen wie Königstein, Kronberg, Reifenberg, Oberursel, Oberstedten, Dornholzhausen, Kirdorf und Friedrichsdorf aneinander und stehen für eine realistische Hintergrund-Topografie, wobei die Höhen des Taunus den Horizont des Landschaftspanoramas bilden. Ein Sonnenuntergang aus der Sicht der Schulgasse liest sich dann so: „Die Sonne begann bereits ihre Strahlen flach über die Taunusberge herzusenden. Mit goldenem Lichte belegte sie die Straßen und die Häuser bei der Apotheke, spann um das Uhrtürmchen auf dem Rathaus[27] eine flirrende Krone und stieg langsam auf der anderen Seite der ‚Höhe' in das Dämmern des Abends hinab!"[28] – So lässt der Erzähler am Schluss dann auch seine Titelfigur nicht in Homburg, sondern auf dem Taunuskamm, am Sandplacken, aus dem Leben gehen, am Scheitelpunkt zwischen Vorder- und Hintertaunus, aus dieser Sicht: ein **Taunusroman**.

„Der Zoppekratz" – ein Unterhaltungsroman
aus dem alten Homburg, erschienen und gelesen im Krieg

„Der Zoppekratz" ist ein Kleinstadtroman, der während des Ersten Weltkriegs, im Jahr 1915, auf dem Büchermarkt erschienen ist, jedoch erzählt er aus einer Zeit, die bereits fünfunddreißig Jahre zurückliegt und schon seit zehn Jahren keinen Krieg mehr erlebt hat. In dieser Friedenszeit lässt Fuchs-Liska nun seinen Apotheker Gotthold Frommbier leben, aber auch sterben, und das innerhalb einer erzählten Zeit von August bis Dezember 1880 im alten Homburg.

In diesem eng begrenzten Szenarium erzählt „Der Zoppekratz" einerseits von einem beschaulich-heimeligen Dasein voller Sehnsüchte und Begehrlichkeiten, andererseits von einem Dasein voller Kümmernisse, Krankheiten und Tod. Damit dieses kleinstädtische Alltags- und Zusammenleben nicht ins Billig-Triviale abrutscht, davor schützen meist Natürlichkeit, Wirklichkeitsnähe und Glaubwürdigkeit der Figuren und Geschehnisse, auch wenn vieles unbedeutend alltäglich erscheint, so als Paulinchen Frommbiers Apotheke betritt und ein szenisches Erzählen die Begegnung der beiden bühnenreif darstellt:

„Paulinchen war in die Apotheke hinüber gelaufen. ‚Tante Scheibenschmitt klagt heute schon den ganzen Tag über unerträgliche Kopfschmerzen. Haben Sie nicht ein Pülverchen, Herr Frommbier?'

Er sah sie mit runden Augen andächtig an. Der Widerschein der Freude über ihren Anblick glänzte über sein ganzes gutes Schrumpelgesicht... bis in die rote Nasenspitze. Fast vergaß er, warum sie gekommen war. Er zog rasch eine Schieblade auf und steckte zwei Pulver in ein flaches Dütchen.

‚Frau Scheibenschmitt soll das eine sofort, das andere vor dem Schlafengehen nehmen.'

‚Was bin ich schuldig?' fragte Paulinchen und suchte in ihrem Geldtäschchen Münze.

‚Nichts…', antwortete er und lächelte sie gütig an.

‚Aber, Herr Frommbier…!'

‚Von Ihnen nehme ich doch nichts.' Dabei geriet der Apotheker in Verlegenheit und ordnete nervös an den auf der Glasplatte des Ladentischs herumstehenden Fläschchen und Töpfchen."[29]

Allerdings kann sich der Erzähler nicht immer vor kitschigen Momenten schützen, steigert sie ab und zu sogar bis ins Ordinäre hinein, da er die Verführungskünste der Haushälterin des Apothekers zu schildern sich erlaubt: „Das alte Mädchen hatte über einem Hemd mit Häckeleinsatz eine rosige Barchent-Nachtjacke an. Den umfangreichen Schmerbauch umspannte ein blauer Flanellrock, der ihr nur bis zu den Knien ging und die Waden sehen ließ. Waden … Waden … sehenswerte Waden! Unter dem Dreidoppelkinn sprang steil ein Fleischberg vor, prallte in runder Wölbung aus der offenen Barchentjacke, stieg in solberfleischfarbenen Kegelkugeln über des Hemdes Häkelborde auf und quoll den entsetzten Blicken Frommbiers in einer Form entgegen, die für gewöhnlich das untere Rückenende des Menschen zu zieren pflegt."[30] Hier hat den Erzähler der gute Ton verlassen, den er einem Unterhaltungsroman schuldet, und gleitet ins Unanständige, Gehässige, ja Bösartige ab, statt schließlich diskret, ja verschämt wegzuschauen.

Dieser boshafte Ton wechselt aber dann in ein rührend sentimentales Erzählen über, insbesondere wenn von Paulinchen die Rede ist: „Lieblich stand das Mädel vor ihm [Wunibald] und bot ihm mit heimlichem Drucke die Hand. Dankbar leuchteten die Vergißmeinnichtaugen … aber sie waren längst nicht mehr so frisch. Die stillen Tränen um das Fernbleiben Wunibalds, die bittern Zähren unter der Fuchtel Hortensias und die leidvollen Tropfen, die immer noch dem Tode Tante Settchens galten – sie hatten den reinen Schimmer dieser Blauau-

„Der Zoppekratz", Einband-Vorderseite, Erstausgabe 1915 (8)

gen getrübt."[31] An solchen Stellen überfällt den Erzähler dann die Bildersprache der Herz-Schmerz-Romanwelt.

Auch menschliche Schwächen dichtet der Erzähler liebend gern seinen Figuren an. So schläft der Konrektor der Mittelschule am Stammtisch jeden Abend ein, um erst bei allgemeinem Aufbruch wieder wach zu werden: „Der Konrektor Wolf bekam den üblichen Schubs zum Aufwecken. Er erhob sich räuspernd, wendete die blauen Brillengläser erstaunt hin und her und fragte ob's Zeit wäre".[32] Solchen Kleinszenen begegnet der Leser mit Nachsicht, denn sie machen die Figuren amüsant, ja sogar ein wenig liebenswert.

Die Erstauflage des „Zoppekratz" begnügt sich damit, das darin Erzählte als Homburg- und Taunusroman zu etikettieren: Weißer Turm und Schloss mit Schlossteich als Abbildung sowie die geografische Zuordnung „Taunusroman" – beides auf der Einbandvorderseite – signalisieren auch ohne Leseprobe vorweg den Ort der Handlung.

Die danach folgenden Auflagen[33] zielen auf eine Erweiterung des Käufer- und Leserkreises, also des Absatzmarktes, was schon der Verlagswechsel vom taunusnahen Frankfurt hin zum hauptstädtisch-zentralen Berlin ankündigt. Nun bildet die Einbandvorderseite eine Klein- oder Mittelstadt mit deren Ortskern ab, den ein Mädchen rechts im Vordergrund belebt. Getilgt ist zugleich die landschaftliche Zuordnung „Taunus", sodass als Gattungsangabe „Roman" allein stehen bleibt. Darüber hinaus ist die Seitenzahl von 379 auf 279 gesunken, ohne allerdings die Romanhandlung zu schmälern, was auf eine Erhöhung und Verdichtung des Druckbildes je Seite und auf Einsparung der Freiräume zwischen den einzelnen Kapiteln zurückzuführen ist. – Hinzu kommt der Wechsel des Einbandes von Leinen zu Papier, was insgesamt die Herstellungskosten und eine Minderung des Kaufpreises zur Folge hat, alles verständlich in einer Zeit der Kriegswirtschaft

„Der Zoppekratz", Einband-Vorderseite, 3. Aufl., o. J. (1918?) (9)

und einer sich anbahnenden Niederlage.

Da alle diese Auflagen des Zoppekratz" zwischen 1915 und 1918, also ausschließlich in Kriegszeiten, auf den Büchermarkt gekommen sind, liegt es nahe anzunehmen, dass die kleine Welt eines Altstadtromans sich als eine bescheidene Gegenwelt zu all dem lesen lässt, was draußen in der großen Welt derzeit geschieht: Statt aktueller Kriegsberichte und neuester Frontmeldungen in den Tageszeitungen erzählt Fuchs-Liskas „Zoppekratz" von einem alt- und kleinstädtischen Milieu, in dem ein Krieg in weite Ferne gerückt ist. So bleibt im „Zoppekratz" von Schlachtfeldern und Frontlinien nichts übrig, außer einem Schüler- und Bürgerfest draußen vor der Stadt anlässlich des zehnten Jahrestages der Schlacht von Sedan.

Allerdings geht es in einer friedlichen Kleinwelt des „Zoppekratz" nicht ohne Eifersucht und Streit, Krankheit und Sterben, nicht ohne Betrug und Mord zu. Aber es fehlen auch nicht Glück und Liebe, Mitleid und Hilfsbereitschaft, Aufrichtigkeit und Freundschaft. Solch ein buntgemischtes Weltendasein im Kleinformat, sei es auch nur in Stunden des Lesens, kann während eines weltweiten Krieges als ein Zufluchtsort gelten, der Entspannung und Unterhaltung, Ablenkung und Zerstreuung aus einer vermeintlich „guten alten Zeit" anbietet. Liest und versteht man den „Zoppekratz" so, dann darf man in Anlehnung an das „Dreischichtenmodell" von Hans Friedrich Foltin sowie dessen Kategorisierung in Trivial-, Unterhaltungs- und Hochliteratur[34] den Roman der Unterhaltungsliteratur zuordnen. Allerdings mangelt es an der Bewertung und Zustimmung einer breiten Leserschaft; denn mehr als eine Leserbrief-Meinung[35] ist nicht aufzufinden. Verwunderlich dabei bleibt, dass sie von weither den einheimischen „Taunusboten" erreicht. Fest steht aber: „Der Zoppekratz" hat in drei Weltkriegsjahren seinen Leserkreis gefunden, das belegen immerhin mehrere Auflagen in dieser Zeit.

Bücherschau.

„Der Zoppekratz". Ein Taunusroman aus den achtziger Jahren von Robert Fuchs=Liska 8⁰, 380 Seiten. In modernem Farbendruck=Leinenband gebunden M 4.50, broschiert M. 3.50.

Dr. Rügemer. Hamburg, schrieb dem Verfasser: Ihr „Zoppekratz" ist ein Kleinstadt=roman, für den niemand einen Vergleich finden wird, so sehr ist er Eigentum und so einzig ist diese Geschichte in Stil und Gedanke. Wirkt zunächst das Ganze als in flotten Strichen hingezeichnet, so gewahrt man bei näherem Zusehen doch, daß alle Kleinmalerei wie mit Zuhilfenahme der Lupe ungemein genau ausgeführt wurde. Fast in einem Atem las ich die Bogen, weil ich über das Schicksal Ihrer seltsamen Esaja und Ihres unsagbar rührenden Menschen=freundes Frommbier Gewißheit haben wollte. Behagliches Idyll und so tiefe Tragik, grotesker Humor und bittere Satire, lyrisch Zartes und alle ernste Moral . . . das ist eine Mischung, die Spannung und Verwun=derung, aber auch hohe Bewunderung Ihres Könnens erweckt.

Leserbrief aus Hamburg zum „Zoppekratz" im Taunusboten, 12. Dez. 1915 (10)

Der Autor – ein Homburger

Zweimal war der Autor Robert Fuchs-Liska in seinem Leben Homburger: Die ersten zehn Jahre sowie nach einem halben Jahrhundert die letzten vier Lebensjahre[36] – dazwischen lag ein reges, unruhiges, teilweise abenteuerliches Leben.

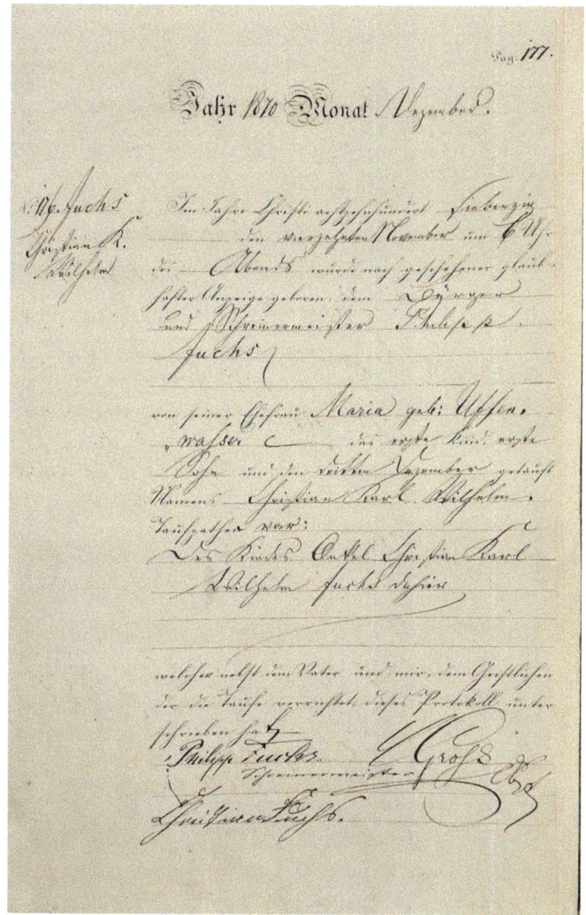

Geburts- und Taufprotokoll des Christian Karl Wilhelm Fuchs (11)

Zur Welt kam er am 14. November 1870, früh morgens um 6 Uhr. Der Vater Philipp Fuchs war Schreinermeister, seine Mutter Maria eine geborene Uffenwasser, wie in der Taufurkunde mit Datum vom 3. Dezember 1870 vermerkt. Der Täufling selbst erhielt drei Vornamen: Christian Karl Wilhelm, genau die, die sein Taufpate und Onkel trug[37]. Fuchs-Liskas schmalbändige Erzählung „Die Siebenhäusergasse", erschien 1915, liefert möglicherweise

Anhaltspunkte zum Geburts- und Wohnort des künftigen Autors; denn die Eltern des kleinen Malchus, der Hauptfigur und des Ich-Erzählers, tragen die Vornamen von Fuchs-Liskas Eltern. Zudem ist auch der Beruf des Schreiners bei beiden Vätern identisch[38].

„Die Siebenhäusergasse",
Einband-Vorderseite, Erzählung o.J. (12)

Über Fuchs-Liskas Kindheit und Jugend ist wenig bekannt[39]. Er besuchte die Realschule seiner Geburtsstadt, die heutige Landgraf-Ludwig-Schule, anschließend dieselbe Schulart in Coburg nach einem Umzug dorthin, und zwar nachweislich bis einschließlich Klasse 7[40]. Sein Vater verstarb früh, ob das den Weggang aus Homburg erklärt, bleibt offen.

Als der sechzehnjährige Christian von zu Hause nach Hamburg ausriss, um Seefahrer zu werden, wurde er, kaum in der Hansestadt angekommen, erst einmal festgenommen. Nach der widerwilligen Zustimmung seines Vormundes ging er als Schiffsjunge zur Handelsmarine. Als Vollmatrose auf Segelschiffen erreichte er alle fünf Kontinente, obwohl er gleich zu Anfang auf seiner ersten Route von Hamburg nach New York Schiffbruch erlitten und nur mit wenigen Mitgliedern der Schiffsbesatzung überlebt hatte. Auslöser seiner ungebrochenen Abenteuerlust, auf See zu sein, ebenso der Tausch seines Vornamens Christian gegen Robert, war offenbar seine Jugendlektüre „Robert des Schiffsjungen Fahrten und Abenteuer"[41].

Nach mehreren Jahren auf See, nachdem er sogar das Steuermann-Patent erworben hatte, floh er vom Schiff und fand auf einer Plantage in Niederländisch-Indien, dem heutigen Indonesien, eine Arbeit als Sekretär, von wo er nach einer schweren Krankheit[42] in sein Heimatland zurückkehrte.

Die Straße „Am Mühlberg",
früher „Siebenhäusergasse"(13)

Der wieder Genesene nahm Gesangs- und Schauspielunterricht in Frankfurt am Main. Zuerst musste er in Schmierentheatern auftreten, doch dann folgte eine Berufung an das Berner Stadttheater, wo er vier Jahre auf der Bühne stand. Gleichzeitig absolvierte er ein Literaturstudium an der dortigen Universität. Danach verzeichnete er Bühnenauftritte in zahlreichen Großstädten, so in Wien, Riga, Berlin, Amsterdam, Nürnberg, München, Königsberg, Breslau, Leipzig, Dresden. Seit 1907 soll Fuchs-Liska nach einem Sommerengagement siebzehn Jahre der fränkischen Kurstadt Kissingen die Treue gehalten haben[43], war aber auch in Argentinien auf abenteuerliche Weise unterwegs und übernahm Gastrollen beim Fronttheater in der Nähe von Verdun. Seit 1918 war Fuchs-Liska mit der zwanzig Jahre jüngeren Schauspielerin Erna Korsmeier[44] verheiratet. Aus gesundheitlichen Gründen gab er jedoch 1924 seine Bühnenlaufbahn auf.

Von da an lebte er als freier Schriftsteller in Dresden, dann in Berlin, kurzzeitig auch in Frankfurt am Main, bevor er 1931 in Bad Homburg sein Zuhause fand, genau genommen in der Gemeinde Gonzenheim[45], die erst 1937 ein Stadtteil Bad Homburgs wurde. Er schrieb von nun an für die Heimatzeitung der „Taunusbote" und wurde sogar 1934 deren fester Mitarbeiter.

Wann und warum sich der Name Fuchs zu einem Doppelnamen erweiterte, ist nicht überliefert, ebenso fehlt eine Begründung von Seiten des Namenträgers. Eine Spur führt ins Tschechische; denn hier wird aus dem Fuchs ein „liška".[46] Jedenfalls trug er bis zu seinem Lebensende diesen Doppelnamen in seinem literarischen Werk, lediglich seine erste Publikation erschien 1901 unter Fuchs.

Aus seiner Zeit als Schriftsteller über mehr als dreißig Jahre hinterließ Robert Fuchs-Liska eine stattliche Werkliste. Er war der Autor nicht nur von Romanen, sondern auch von weiteren Prosaformen wie von Erzählungen, Kriminalromanen, Märchen und Jugendbüchern[47], er dichtete auch in Versen und schrieb ein Bühnenstück. Bis zu seinem Lebensende wuchs die Werkliste auf vierunddreißig Titel an, darüber hinaus findet sich in seinem Nachlass noch Unveröffentlichtes.[48] „Der Zoppekratz"-Roman erschien 1915, auf einem Höhepunkt seiner Schriftstellertätigkeit; denn in diesem Jahr brachte er es auf

Der Schriftsteller Robert Fuchs-Liska, Bild-Anhang zur Erstausgabe des „Zoppekratz", 1915 (14)

insgesamt sieben Publikationen, und das alles, obwohl er nicht nur am Schreibtisch saß, sondern auch auf der Bühne stand. Übrigens wirkte er aufgrund seiner Routine als Schauspieler in zwei Filmen mit, und zwar unter den Titeln „Faust des Schicksals" (1921) und „Die Jagd nach der Million"(1930).

Dass ihm die Bezeichnung „Heimatdichter" zukam, dazu führten seine Taunusromane; denn neben dem „Zoppekratz" betraf dies auch „Härmlein von Reifenberg" (1915), „Hatzicho der Wolf" (1916) und „Der mordende Lenz" (1922). – Die Romane „Fräulein Sünde" und „Schamlose Seelen" setzten jedoch die Nationalsozialisten auf die „Liste des schädlichen und unerwünschten Schrifttums".

Trotz dieses Bücherverbots wurde Fuchs-Liska Mitglied der NSDAP. Er hielt sogar auf Einladung der NS-Frauenschaft im Kurhaus anlässlich der Reichs-Buchwoche einen Vortrag zum Thema „Das Buch für die deutsche Frau"[49] und sprach im Hörfunk. Auch schloss er sich der Ortsgruppe der NSDAP an, und diese ließ es sich schließlich dann nicht nehmen, dem Tod ihres Parteimitglieds in einer Traueranzeige zu gedenken[50].

Am 14. November wäre Fuchs-Liska 65 Jahre alt geworden. Aber neun Tage vorher verstarb er in Bad Nauheim. Ein Herzleiden hatte sein Leben mehr und mehr eingeschränkt und ihm schließlich ein Ende gesetzt. – Seine letzte Ruhe fand er am 9. November 1935 auf dem Bad Homburger Waldfriedhof.[51] Dazu schrieb der „Taunusbote" nicht ohne Pathos: „Seine Freunde erwiesen dem toten Dichter die letzte Ehre, während ein sanfter Herbstwind durch die Blätter ging und deren letzte Blätter in das Grab des Dichters streute, der nun im Taunuswald, dessen Schönheit er so oft kündete, seine letzte Ruhestätte fand!"[52]

Heutzutage zählt Robert Fuchs-Liska zu der Vielzahl von Dichtern,

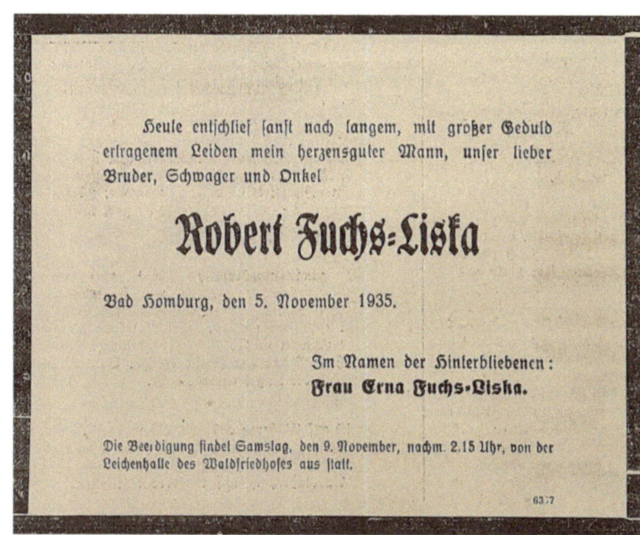

Traueranzeige der Ehefrau und Angehörigen (15)

Traueranzeige der NSDAP, Ortsgruppe Bad Homburg (16)

die auf Dauer keinen Einlass in die große Welt deutschsprachiger Literatur fanden. Er geriet wohl zurecht in Vergessenheit. – Für die Taunusregion sollte er jedoch weiterleben; denn in seinen Heimatdichtungen steckt trotz mancher Pathetik, Trivialität und Anzüglichkeit viel Lokalkolorit, deshalb leistet sein Werk nach wie vor einen Beitrag zur Literatur-, Kultur- und Stadtgeschichte. Von alledem weiß Fuchs-Liska unterhaltsam, anschaulich und realitätsnahe zu erzählen. Eine solche literarische Hinterlassenschaft darf in der Stadt seiner Geburt und Kindheit, seines letzten Wohnsitzes und seiner letzten Ruhestätte nicht ganz in Vergessenheit geraten.

ANMERKUNGEN

QUELLEN

LITERATUR

BILDNACHWEIS

ANMERKUNGEN

[1] FUCHS-LISKA, „Der Zoppekratz", 1915, S. 21, im Folgenden zitiert ZK.

[2] ZK, S. 378.

[3] Jetzt: Schulberg.

[4] ZK, S.10.

[5] Jetzt: Schulberg/Wallstraße.

[6] Jetzt: Landgraf-Ludwig-Schule, Grundschule in der Rathausstraße. Zur Schulgeschichte: Grosche, Geschichte der Stadt Bad Homburg, Bd. III.

[7] Bäcker mit abendlicher Wirtsstube.

[8] Jetzt: Thomasstraße.

[9] Schlacht im Deutsch-Französischen Krieg am 2. Sept. 1870 bei Sedan.

[10] In der Realität feierte die Bürger- und Mittelschule im Wildgarten (jetzt Hirschgarten), Tb, 4. 9. 1880.

[11] ZK, S. 49.

[12] Beiname, da Katharina Erpel, so ihr korrekter Romanname, überall und immer Hausschuhe, also Schlappen trägt.

[13] Jetzt: Am Mühlberg.

[14] Anfertigung von Perlenschmuck, z. B. Ketten, meist in Heimarbeit.

[15] ZK, S. 117.

[16] ZK, S. 183.

[17] ZK, S. 219.

[18] ZK, S. 204.

[19] ZK, S. 324.

[20] URDANG, Der Apotheker im Spiegel der Literatur, S. 73 – 75.

[21] ZK, S. 54.

[22] ZK, S. 352.

[23] Tb, 4. 9. 1880.

²⁴ ZK, S. 149.

²⁵ ZK, S. 148.

²⁶ ZK, S. 169.

²⁷ ZK, S. 147, jetzt: Schulberg 1, Rathaus 1870-1884.

²⁸ ZK, S. 147.

²⁹ ZK, S. 124f.

³⁰ ZK, S. 211.

³¹ ZK, S. 267.

³² ZK, S. 59.

³³ Die Zahl der Auflagen (3 oder 4?) war nicht eindeutig zu klären, zumal der Oldenburg-Verlag nicht mehr existiert. Nachfolge-Verlag Cornelsen teilte auf Anfrage mit, ein Verlagsarchiv bestehe nicht, daher sei eine Recherche nicht möglich, auch digital liege nichts vor. E-Mail, 30.1.2023.

³⁴ FOLTIN, Die minderwertige Prosaliteratur, Deutsche Vierteljahrsschrift 1965; Leubner, Metzler Lexikon Literatur; Wilpert, Sachwörterbuch der Literatur.

³⁵ Tb, 3.12. 1915.

³⁶ Zwischenzeitliche Aufenthalte bzw. Besuche in der Geburtsstadt waren nicht nachweisbar.

³⁷ Geburts- und Taufprotokoll der ev. luth. Pfarrei Homburg v.d.H., 1870, S. 177, StA HG A 02-106.

³⁸ Die Siebenhäusergasse, Berlin o. J. (Einzelausgabe).

³⁹ Eine Fuchs-Liska-Biografie fehlt. Die hier gemachten Angaben beruhen auf Einzelbeiträgen zu Fuchs-Liskas Leben. Insbesondere: Fahlbusch, Tb, 14. 11. 1935; Frankfurter Neue Presse, 8. 12. 1935; N. N., Tb, 14. 11. 1933, 6. 11. 1935; Lexikonartikel v. Hees, Renkhoff u. Wittkopp (die beiden zuletzt genannten nicht fehlerfrei).

⁴⁰ Umzugsdaten von Homburg nach Coburg liegen nicht vor. In Coburg war Christian Fuchs von Oktober 1884 bis Ostern 1885

Schüler der Realschule „Ernestinum", Klasse 7. Danach verließ er die Schule, um Kaufmann zu werden. E-Mail StA Coburg, 15.10. 2019.

41 BISCHOFF, Max, Robert des Schiffsjungen Fahrten und Abenteuer auf der Deutschen Handels- und Kriegsflotte: ein Buch für die Jugend. Bielefeld u.a. 1873, 207 S.

42 FAHLBUSCH dagegen schreibt „In memoriam Fuchs-Liska", der junge Seemann Fuchs sei „unter dem Einfluß eines ins Unerträgliche gesteigerten Heimwehs" in die Heimat zurückgekehrt.

43 Als Einwohner von Bad Kissingen ist Fuchs-Liska lediglich im örtlichen Adressbuch 1922/24 registriert; N. N., 50. Geburtstag von Robert Fuchs-Liska, Kissinger Saale-Zeitung, 13. 11. 1930. Sonst liegen keine Daten vor. E-Mail StA Bad Kissingen, 29.3.2017.

44 HUMPERT, Heinz, Familienbuch Gonzenheim, Hg. Geschichtlicher Arbeitskreis Gonzenheim, Bd I, S. 663f.

45 Wohnsitz: Lange Meile 15. Adressbuch der Stadt Bad Homburg v .d. Höhe und Umgebung. Für das Jahr 1933, S. 151.

46 Deutsch-Tschechisches Wörterbuch. A-L, Prag, 4. neubearb. u. verb. Aufl. o.J., S. 517.

47 Werke von Robert Fuchs-Liska (https::://www.projekt gutenberg. org/autoren/namen/fuchs-li.html) im Zugriff 28.5.2021.

48 StA HG E21 Nachlass Robert Fuchs-Liska. Einschließlich Werkliste und biografische Daten.

49 Tb, 9.11.1934.

50 Tb, 7.11.1935.

51 Tb, 7.11.1935.

52 Tb, 11.11. 1935.

44

QUELLEN

<u>Ungedruckt</u>

StA HG E21 Nachlass Robert Fuchs-Liska

<u>Gedruckt</u>

FUCHS-LISKA, Robert, Der Zoppekratz. Ein Taunus-Roman aus den achziger Jahren, Frankfurt am Main [1915]

FUCHS-LISKA, Robert, Der Zoppekratz, Roman, Berlin, 3. Aufl. [1918]

FAHLBUSCH, Paul, In memoriam Fuchs-Liska. Zum heutigen 65. Geburtstag des toten Heimatdichters, in: Tb, 14. 11. 1935

FAHLBUSCH, Paul, Aus dem Leben Robert Fuchs-Liskas, in: Frankfurter Neue Presse, 8. 12. 1935

N.N., 50. Geburtstag von Robert Fuchs-Liska, in: Kissinger Saale-Zeitung, 13. 11. 1930

N.N., Robert Fuchs-Liska begeht heute seinen 63. Geburtstag, in: Tb, 14. 11. 1933

N.N., Robert Fuchs-Liska a.G. der NS-Frauenschaft, in: Tb, 9. 11. 1934

N.N., Robert Fuchs-Liska, Zum Gedenken eines Heimatdichters, in: Tb, 6. 11. 1935

N.N., Robert Fuchs-Liska´s letzter Weg, in: Tb, 11. 11. 1935

LITERATUR

FOLTIN, Hans Friedrich, Die minderwertige Prosaliteratur. Einteilung und Bezeichnungen, in: Deutsche Vierteljahrsschrift für Literaturwissenschaft und Geistesgeschichte 39 (1965), Heft 2, S. 288 – 323

GROSCHE, Heinz, Geschichte der Stadt Bad Homburg vor der Höhe, hg. v. Magistrat der Stadt Bad Homburg vor der Höhe, Bd. III: Die Kaiserzeit, Frankfurt (M)1986, S. 128-130 u. S. 450f.

HEES, Anke, Fuchs-Liska, Robert, in: Deutsches Literatur-Lexikon, Das 20.Jahrhundert. Biographisches-Bibliographisches Handbuch, Bd 10, Zürich/ München 2007, S. 255-257

LEUBNER, Martin, Unterhaltungsliteratur. In: Metzler Lexikon Literatur. Begriffe und Definition, 3., vollst. neu bearb. Aufl., Stuttgart/ Weimar 2007, S. 794f.

RENKHOFF, Otto, Fuchs-Liska, [Robert], in: Nassauische Biographie. Kurzbiographien aus 13 Jahrhunderten, 2., vollst. überarb. u. erw. Aufl., Wiesbaden 1992, S. 213

WILPERT, Gero, Sachwörterbuch der Literatur, 8. verb. u. erw. Aufl., Stuttgart 2001, S. 862f.

WITTKOPP, Justus Franz, Homburg und die Literatur, in: Mitteilungen des Vereins für Geschichte und Landeskunde zu Bad Homburg v. d. Höhe, XXXV. (1982). Zur 1200-Jahrfeier im Auftrag der Stadt Bad Homburg, S. 375f.

BILDNACHWEIS

Klaus Rödler: Einband, Vorderseite/Titelseite
Taunusbote: 1,10,15,16
Alt Homburg: 2
Klaus, Waltraud Metz: 3,4,5,8,9,12,13,14
Stadtarchiv Bad Homburg: 6,7,11